Полина Соре.

НЕВИДИМКИ

тетрадь для начинающих

волшебников

и

читателей

Bibliografische Information der Deutschen Nationalbibliothek: Die Deutsche Nationalbibliothek verzeichnet diese Publikation in der Deutschen Nationalbibliografie; detaillierte bibliografische Daten sind im Internet über dnb.dnb.de abrufbar.

Weitere Erläuterungen, Hintergrundinformationen auf der Seite der Autorin unter http://www.russian-online.net/nevidimki/

Lesen, verstehen, aufmalen.

Das Buch für alle, die gerade auf Russisch lesen lernen, für tägliches Training im angemessenen Tempo. Mit diesen kleinen lustigen Aufgaben wird die Fähigkeit sinnentnehmend zu lesen geübt und gestärkt.

Читаем, понимаем, рисуем.

✓ Книга для всех, кто с первых шагов хочет научиться вдумчиво читать по-русски, размышляя и анализируя прочитанное.

✓ Задания можно использовать не только для обучения чтению, но и для проведения зрительных диктантов, списывания и т.д. Каждую короткую историю читатель может легко превратить в собственную книгу с картинками и при желании продолжить ее.

✓ Тетрадь отлично подходит как для индивидуальной работы, так и работы в группе в качестве занимательных разминок, домашних заданий и дополнительных упражнений.

© Полина Сорель, апрель 2018 г.
Все права защищены. Никакая часть книги не может быть воспроизведена в какой бы то ни было форме без письменного разрешения владельцев авторских прав.

© April 2018 Polina Sorel
Alle Rechte vorbehalten. Keine unerlaubte Vervielfältigung oder Verbreitung.

Herstellung und Verlag: BoD – Books on Demand, Norderstedt

ISBN: 978-3-7460-9098-6

Lektorat: Svetlana Shvartsman
Gestaltung und Illustrationen: Tatiana Kornilova (kappuzin@yahoo.com)

Над книгой работали:

Полина Сорель, автор этой книги.

Полину нарисовала её дочка Маша.
Ей 10 лет.

Светлана Шварцман, редактор.

Светлану нарисовала дочка Катя.
Ей 8 лет.

Татьяна Корнилова, художник-оформитель.

Татьяну нарисовала дочка подруги.
Ей 7 лет.

Волшебник, который поможет нам разгадать «Невидимки»

Меня зовут ....
Мне .... лет.

Для работы над этой книгой тебе понадобится

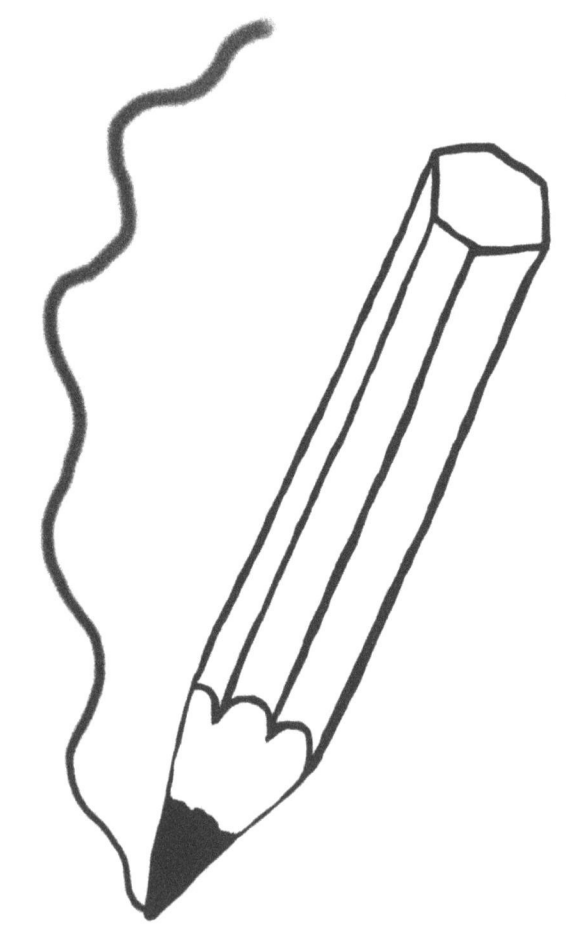

КАРАНДАШ

Дорогой друг!

Давным-давно я нашёл эту тетрадь, а в ней - загадочные следы. Великий маг и волшебник Барбариус Первый подсказал мне, что это рисунки-невидимки. Если внимательно читать описание рядом с этими следами, то рисунки можно вернуть обратно в тетрадь.

Только вот беда: мне так много лет... что я не вижу уже буквы и слова. Неужели эти рисунки останутся невидимыми навсегда? Ведь только настоящим волшебникам, которые смогут внимательно прочитать описание, удастся вернуть рисунки на место.

Разве только... ТЫ... поможешь мне в этом важном деле. Бери скорее в руки карандаш и принимайся за работу. Карандаш станет твоей волшебной палочкой. Внимательно читай описание. Рисуй всё, что ты прочитал, и тогда исчезнувшие картинки появятся вновь в этой тетради. А как только ты дойдешь до конца, тебя ждет медаль настоящего волшебника.

Твой маг и друг
Архивариус Сорок Второй

Твои заметки!

Это шар. Это кот.
Кот на шаре.
Пока, кот!

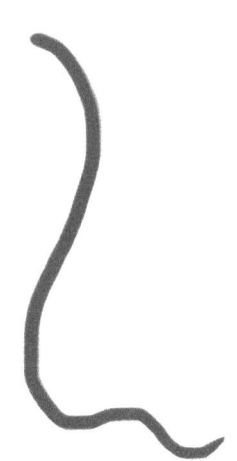

Рисуй!

Это шар. На шаре кот.
Под шаром дом.
Под домом крот.
Крот поёт ЛА-ЛА-ЛА.

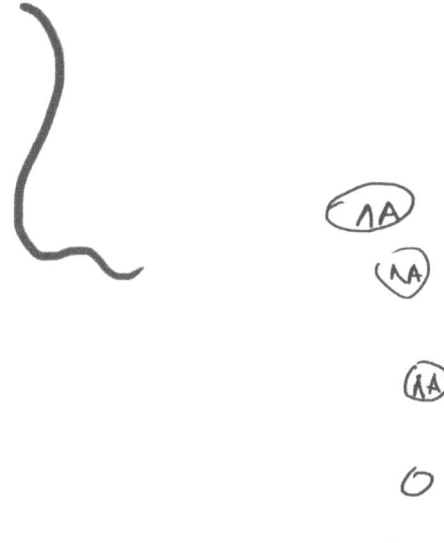

Пиши!

Это дом. Это окно.
Это балкон.
На балконе Маша.
В окне Саша.
Привет, Маша!
Привет, Саша!

Калякай!

Это крыша.
На крыше мыши.
Мыши, мыши! Бегите
с крыши!

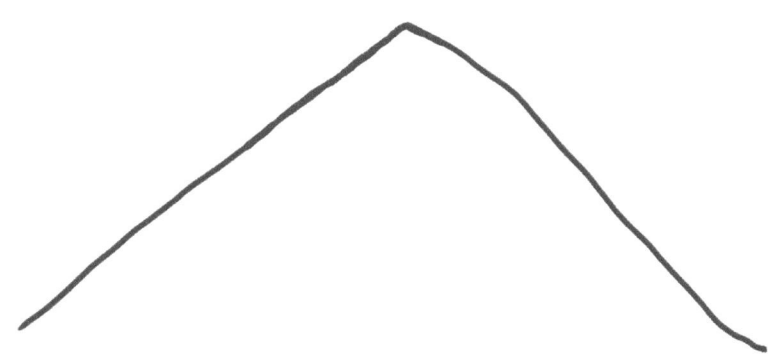

Смелей!

Это нора.
В норе лиса.
У лисы усы.

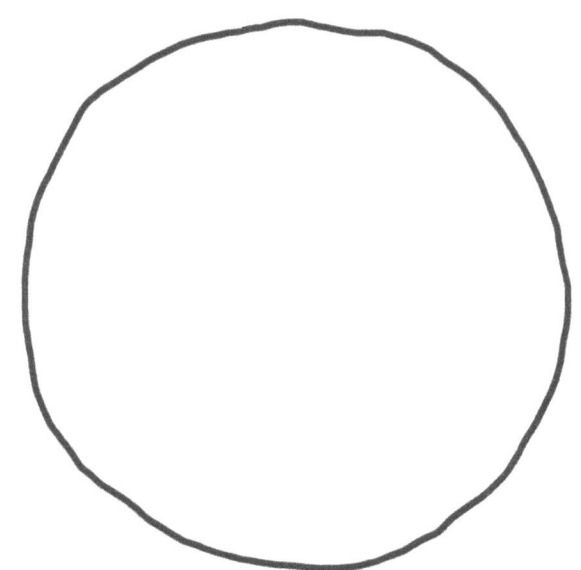

Не рисуй!

Это сыр.
В сыре дырка.
В дырке мышка.
Рядом крышка.

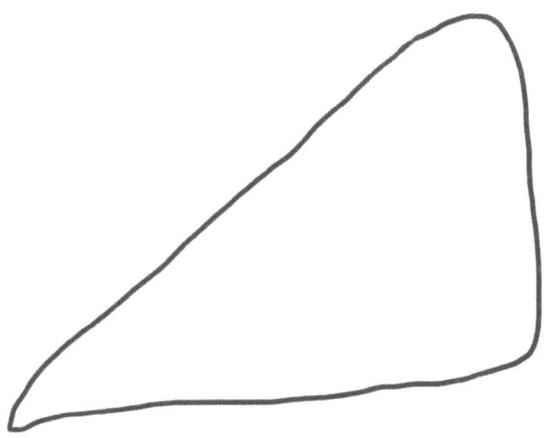

Опять рисуй!

Это река.
В реке рыба.
У реки поле.
На поле трава.
В траве жук.

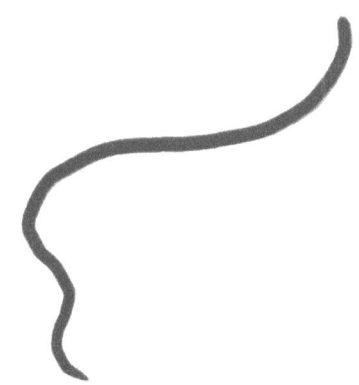

Опять пиши!

Это лес.
В лесу ёлка.
На ёлке шишки.
Под ёлкой мышки.
И мухоморы.

Накалякай ещё!

Это нора.
В норе лиса.
Лиса, покажи уши!
Лиса, покажи хвост!

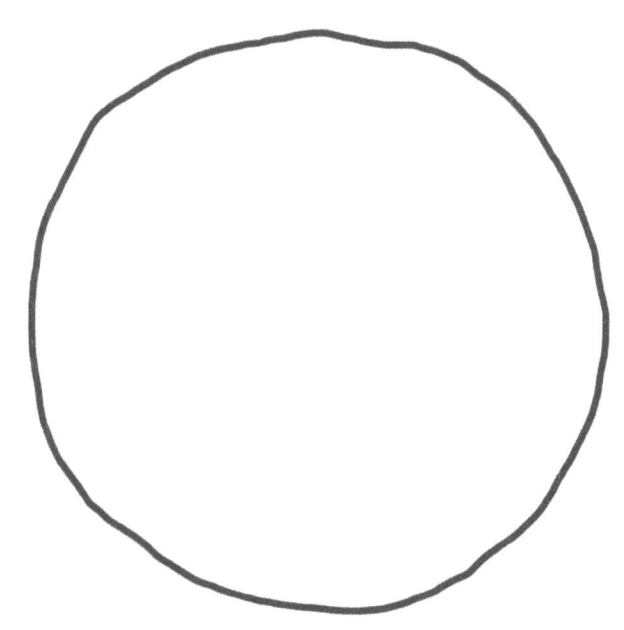

Не забудь про усы у лисы!

Для заметок!

Это норка.
У норки мышка.
У мышки лапки.
У мышки ушки.
У мышки нос.
У мышки хвост.

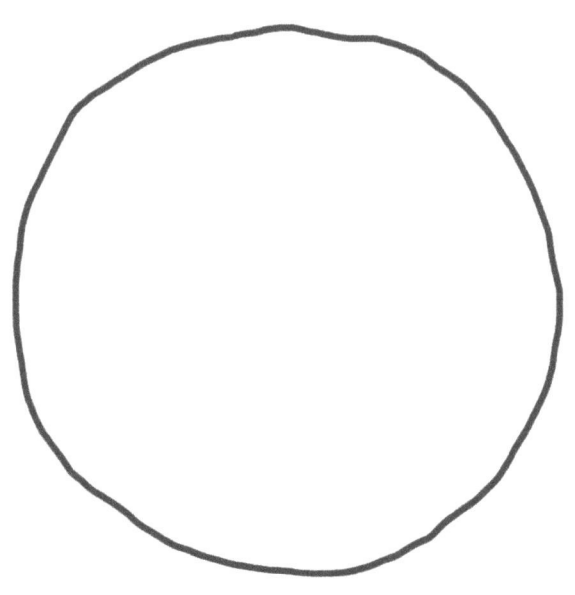

Ой, кто-то нарисовал!

Это коза.
У козы рога.
На роге муха.
На ухе муха.
На носу муха.
Гони мух, коза!

Не забудь про хвост у козы!
Как она прогонит мух?

Опять каракули!

Это не шар.
Это не река.
Это не змей.
Это хвост.
Чей хвост?
Придумай сам!
И запиши.

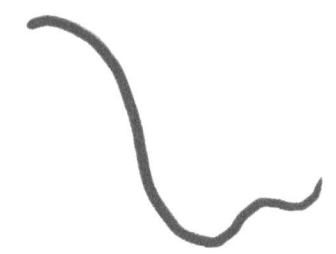

Пиши смелей!

Это гора. На горе я.
У меня лыжи.

Для записей!

Это мешок.
В мешке мандарины.
Два мандарина для Арины.
Три мандарина для Марины.

Посчитай мандарины: ....

Твои мысли!

Это груша. Рядом слива.
Рядом вишня.
Они на картине.

Посчитай фрукты на картине: …….

Ничего не пиши!

Это ёж. У ежа нос.
У ежа иголки.
У ежа глазки.
У ежа четыре лапки.
Ёж в лесу.

А тут пиши побольше!

Это не ёж.
Это не мышь.
Это не гора. Это машина.
У машины колёса.
На колёсах шины.

Не забудь про фары у машины!

Нарисуй что-нибудь!

Это ваза. В вазе вода.
В воде розы.
Розы для мамы.
Ваза у мамы.

Калякать нельзя!

Это шапка. Около шапки шарф. На шапке полоски. Положи шапку и шарф в шкаф.

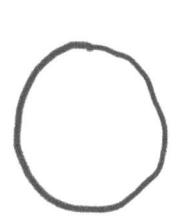

Можно калякать!

Это чашка. У чашки ручка. В чашке чай. Лимон. И ложка. Рядом мёд. И конфеты.

Нарисуй рядом сладкоежку!

Пиши, что хочешь!

Это ножка. И рядом ножка. Ножки бегут по дорожке. Это ножки сороконожки.

Не забудь про остальные ножки у сороконожки!

Нарисуй лабиринт!

Это луна. На луне кот.
У кота хвост. У кота уши.
У кота нос. У кота усы.

Рядом кошка.
У кошки хвост. У кошки носик.
У кошки ушки. И усы.

Удиви меня!

Это шкаф. В шкафу полки.
На полке книги.
Три книги для Миши.
Пять книг для Саши.
Семь книг для Маши.

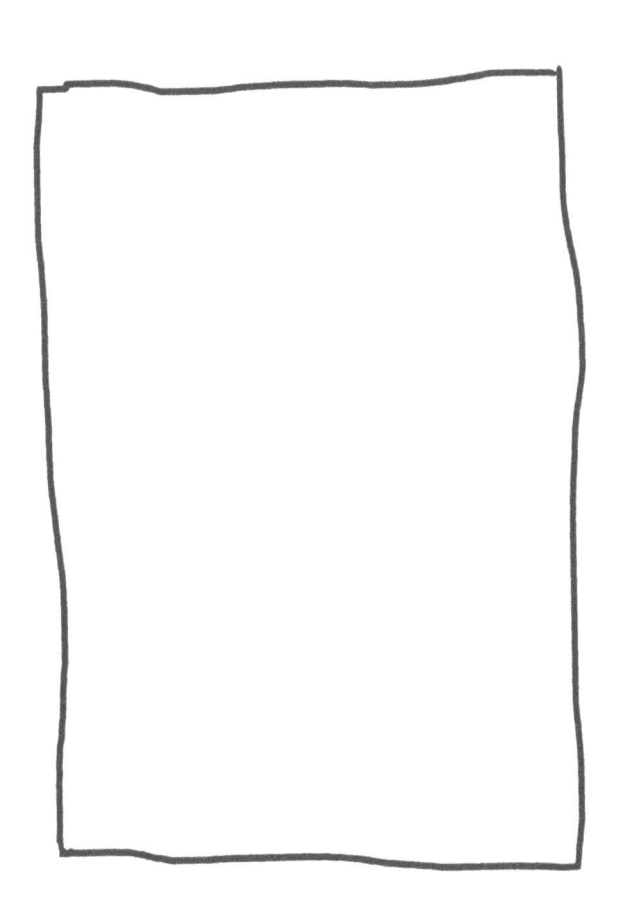

У кого больше всех книг?

Дай порисовать маме!

Это море. На море лодка.
В море рыбка.
Лодка папе. Рыбка маме.
Море мне.

Твой секрет!

Это пол. На полу стол.
Под столом мяч.
На столе ваза.
В вазе тюльпаны.
Тюльпаны для мамы.
Мяч для Ивана.

Последний штрих!

Это мама. Рядом я.
Мы в лесу. В лесу
поляна. На поляне
грибы. У нас корзины.

Пора ставить точку!

Вот и твоя медаль!

59

О других проектах автора

„**Мини-сказки**" - это короткие весёлые истории для чтения вслух, с постоянными повторениями, ударениями и крупным шрифтом. Читать их могут дети самостоятельно с 5 лет после освоения букваря. А могут читать с родителями, озвучивать, ставить мини-спектакли и сочинять свои подобные сказки.

„**Рассказы из коробки**" могут быть интересны для тех, кто хотел бы почитать своим детям (или дать почитать им) о нашей жизни „тогда" и „сегодня", но в совершенно простой занимательной форме. Без нравоучений и „советской терминологии". Эти рассказы подтолкнут внимательных читателей к размышлениям на темы, почему мы живем в Германии и учим русский, как мы жили раньше и что изменилось, что было хорошо и что нет, помогут обратить внимание на происхождение и значение некоторых слов, как, например, дни недели или почему некоторые улицы в Германии носят название русских деятелей, а в России немецких. В пособии автор также обращает внимание детей на использование самой простой лексики по-русски - как правильно задать вопрос о времени, как называются по-русски вещи, связанные с компьютером, как говорить по телефону и т.д.

„**Прописи**" для детей и взрослых от 10 лет. В отличие от „стандартных прописей" для маленьких детей, эта рабочая тетрадь рассчитана на тех, кто уже вырос из возраста писать „палочки и крючочки", но хотел бы научиться писать и (ЧИТАТЬ!) текст, написанный прописными буквами. Это прописи для „взрослых детей", чей русский язык ограничен бытовым запасом слов и тех, кто формулировку заданий привык читать на немецком. Чтобы дать возможность ученику сконцентрировать свое внимание на изучении русских букв, объяснения в прописях даются на немецком. Шаг за шагом взрослый ребенок самостоятельно научится писать и читать текст, написанный „от руки" и заодно познакомится с некоторыми русскими скороговорками и пословицами.

„**Русский алфавит для всех**" Если ты хотя бы немного понимаешь по-русски, но так и не научился читать - это не проблема. „Русский алфавит для всех" поможет тебе быстро, без всяких сложных правил, шаг за шагом разобраться в буквах русского алфавита. Абсолютно самостоятельно и без помощи взрослых. Все объяснения на немецком языке. В конце тебя ждет несколько практических заданий, с помощью которых ты сможешь сразу же закрепить полученные знания, включая буквенное судоку, список часто встречающихся вывесок, названия городов и список часто употребляемых сокращений. Эту книгу могут использовать и сами дети для того, чтобы научить читать папу или маму, которые говорят по-русски только „чуть-чуть". Ведь эта книга написана „для всех".

Другие проекты автора смотрите на сайтах www.russian-online.net, www.russisch-fuer-kinder.de, www.tiptopik.de, www.ruslanka.de